Le quart d'heure

de prière

St-PAUL EDITIONS RELIGIEUSES

82, rue Bonaparte - 75006 Paris

Dans la même Collection :

© 2008, St-PAUL EDITIONS RELIGIEUSES
ISBN : 978-2-35117-035-9

Nihil Obstat : Edward D. O'CONNOR csc, le 11 mai 1994
Nicolas-Jean SED o.p., le 22 mai 1994

Imprimi potest : Eric de CLERMONT-TONNERRE o.p.,
le 24 mai 1994

Père Thomas PHILIPPE o.p.

LE QUART D'HEURE

de prière

St-Paul EDITIONS RELIGIEUSES

Le Père Thomas PHILIPPE a donné cette confé-rence sur LE QUART D'HEURE le 5 octobre 1974 et ce texte rassemble les notes prises par les audi-teurs.

Nous avons tous beaucoup de difficultés à être fidèles à la prière. Quand l'Esprit Saint se donne très fort à nous, prier est encore relativement facile, mais persévérer dans la prière est peut-être une des choses les plus exigeantes et les plus rudes de notre vie spirituelle...

Pour un vieux prêtre comme moi, qui ai pu suivre des personnes depuis très longtemps, il est frappant de voir que celles qui ont toujours été fidèles à la prière, malgré beaucoup de bouleversements, ont tout de même contribué à ce que l'Esprit Saint puisse faire son œuvre en elles. Mais ce n'est pas du tout le cas quand il y a eu des éclipses trop fortes dans la prière. Bien sûr, la miséricorde de Dieu peut toujours agir et ressaisit souvent, mais il faut comme un véritable recommencement.

C'est pourquoi il est très important de voir comment être fidèle à la prière.

Chaque jour...

Pour la fidélité à la prière, la première chose qui est nécessaire est de donner chaque jour un moment au bon Dieu : cinq, dix, quinze minutes, un peu plus si on peut, mais l'important est que chaque jour il y ait ce moment où l'on s'attarde près de Dieu.

Dans les desseins de Dieu, il est certain que le jour forme une unité naturelle dans notre vie, un petit tout concret. Il y a le jour et la nuit, ces divisions ne sont pas du tout artificielles... Il faut donc avoir chaque jour une vraie rencontre avec Dieu, du moins en faire l'effort.

Une prière personnelle

Et si nous voulons vraiment répondre à ce que le bon Dieu attend de nous dans sa pédagogie divine, il ne faut pas que cette prière soit simplement une formule. Une prière récitée, c'est déjà beaucoup, mais ce n'est pas suffisant.

C'est tout à fait différent de saluer une personne rapidement sur la route, en continuant son chemin, et de s'arrêter pour lui parler, ne serait-ce que cinq minutes... Nous pouvons faire partie d'un groupe de prière, c'est excellent, mais cela ne remplacera jamais ce petit quart d'heure de prière que nous devons tous avoir ; au contraire, cela exigera encore davantage de nous la prière personnelle.

Nous sommes avant tout des personnes. Dans une communauté, même dans la communauté la plus intime, dans la famille, dans le couple des époux, cette prière individuelle, personnelle, est indispensable pour chacun.

Il est important de voir aussi que ce petit quart d'heure de prière doit être distinct de la messe.

Par exemple, le prêtre qui célèbre sa messe tous les jours le fait comme serviteur. S'il ne réserve pas au moins un quart d'heure de sa journée pour une prière personnelle, gratuite, comme marque d'amitié à Jésus, sa vie intérieure sera en danger. Et ce n'est pas la messe dite tous les jours qui la sauvera.

C'est la même chose pour nous tous. Certes, il faut aller à la messe tous les jours quand on en a la possibilité. Mais il sera toujours nécessaire, si nous voulons progresser dans la vie intérieure et répondre à l'appel de Jésus, d'avoir un moment de prière personnelle.

Ne pas douter de l'appel de Jésus…

Dans notre rencontre quotidienne avec Jésus, il est très bon de faire des actes de foi et d'espérance pour lui dire que nous croyons à son amour, en nous rappelant toutes les grâces que nous avons reçues. Cela nous empêche justement de nous mettre à douter de l'appel de Dieu.

Le manque de confiance, le doute, sont des dangers qui nous guettent facilement dans la prière. Ces petits doutes qu'on laisse : « après tout, est-ce que c'était si fort que cela ?... Est-ce que c'était vraiment un appel ? » Ces petites questions qui au premier abord ne semblent pas méchantes, grandissent si vite, si on les laisse s'installer, et un jour on s'aperçoit qu'on doute réellement de l'appel de Dieu.

Or c'est capital pour notre vie intérieure car cet appel de Dieu était le début d'une vocation, le début d'une amitié avec Jésus, les premières grâces où Dieu nous avait manifesté qu'Il voulait avoir avec nous des relations directes et personnelles.

Il faut maintenir sa foi en cet appel, revenir tous les jours près de Dieu, s'attarder près de Lui, Lui redire

« Je crois, bien que je sois dans la sécheresse complète, bien que tout extérieurement semble aller à l'encontre. Si j'écoutais mon imagination, si je me mettais à raisonner, j'aurais l'impression que je ne suis pas du tout appelé, mais je veux croire... »

Quand on fait cette prière toute simple, on s'aperçoit presque toujours qu'au moins une grâce de foi nous est donnée. Dans la prière, c'est peut-être ce qu'on découvre le plus : la foi, ce que c'est que la foi...

Et il ne faut pas hésiter à ce que notre acte de foi soit très concret, en nous rappelant tel moment où l'Esprit Saint s'est donné particulièrement à nous, alors que nous priions avec telle ou telle personne, par exemple.

J'ai toujours pensé qu'un des rôles essentiels du prêtre est de nous rappeler les grâces que nous avons reçues et dont il a pu être témoin et confident. Nous oublions très facilement les grâces reçues, parce qu'elles ne marquent pas la mémoire ou la raison, mais touchent directement le cœur... Le prêtre, ou quelquefois un ami, a un rôle capital pour être ce témoin et ce soutien de notre foi et de notre espérance.

Le joug léger

Dès que le bon Dieu s'est un peu révélé à nous, même d'une façon qui reste très voilée, la première chose à faire est donc de chercher chaque jour à avoir ce rendez-vous avec Lui. Notre progrès dans la vie intérieure dépendra énormément de notre fidélité à ce petit quart d'heure de recueillement. C'est la première chose absolument indispensable.

Quand Jésus parle du bon serviteur « fidèle dans les petites choses », quand il demande de prendre son joug, qui est léger, Jésus ne pense-t-il pas à cette prière ? Donner un quart d'heure, ou même cinq minutes à Dieu chaque jour, on ne peut pas dire que ce soit un joug tellement pesant... On donne bien plus de temps au soin de son corps, chaque jour, et il s'agit ici du soin de notre cœur, de notre âme !

La double finalité de la prière

Pour mieux voir comment bien profiter de ce minimum de prière que nous tacherons de donner chaque jour à Dieu, il est important de rappeler la double finalité de la prière :

1. La prière sanctifie. La prière constitue notre vraie personne, en tant qu'elle se distingue de l'individu et du « moi ». La prière est un acte de foi où nous prenons conscience que notre véritable personne est à la ressemblance de Dieu, et se constitue dans ses relations mêmes avec le Père, le Fils, l'Esprit Saint.

2. D'autre part, il faut savoir que Dieu veut se servir de notre personne dans son gouvernement divin. Nous avons un rôle à jouer par la prière pour tout l'ensemble de l'univers. Ce n'est pas de la présomption de le croire. Nous n'avons pas le droit de nous désintéresser de l'ensemble du monde. Tous les hommes sont nos frères.

Pour nous encourager à être fidèles à ce petit quart d'heure de prière quotidien, le premier point de vue peut nous aider beaucoup : nous savons que nous ne pourrons jamais trouver notre véritable personne, notre véritable identité, en dehors de la prière.

Le second point de vue pourra aussi nous stimuler à la prière : Dieu dans sa Providence veut sauver les autres avec nous, par nous, et ayant tout par notre prière. C'est un fait qu'il est plus facile quelquefois de prier pour d'autres que pour soi-même.

Pour certains, la prière sera surtout une intimité avec Jésus, un cœur à cœur avec Jésus. Après les avoir pris près de Lui, cependant, Jésus leur fait comprendre qu'ils ne doivent pas se désintéresser de leurs frères. Et c'est Jésus Lui-même qui leur apprend ce très grand mystère de notre nature humaine : nous sommes tous solidaires les uns des autres.

D'autres au contraire, pensent naturellement à leurs frères dans la prière, et cela les aide à rester près du bon Dieu, de penser à leur responsabilité vis-à-vis des autres, de ceux qui souffrent, et de prier pour eux.

Les vocations seront différentes suivant chacun, mais de toutes manières ces deux aspects doivent exister dans notre petit quart d'heure de prière donné à Dieu chaque jour.

La prière est la consécration,
la sanctification de notre personne
donnée à Dieu,
et elle constitue cette personne.

Le « moi » et notre vraie personne

Un des pauvres lots de notre nature humaine, c'est de sentir toujours notre moi. Nous ne savons pas comment il s'est constitué, mais dès que nous réfléchissons un tout petit peu, nous n'avons aucune difficulté à découvrir qu'il y a en nous un énorme moi égoïste, un moi égocentrique, jouisseur, vaniteux, dominateur, un moi qui veut toujours tout ramener à lui...

Et dès que nous cherchons un peu à aimer Jésus, nous souffrons terriblement de ce moi. C'est lui le grand obstacle à la vie intérieure, bien plus que toutes les conditions extérieures dans lesquelles nous pouvons nous trouver. Socrate déjà le disait : « Convertis-toi toi-même ! »

Avant que le bon Dieu nous ait touchés, nous étions peut-être beaucoup moins tiraillés par ce moi... Notre moi nous faisait souffrir uniquement par les désagréments sociaux qu'il pouvait nous attirer... Mais dès que l'Esprit Saint se donne un peu à nous, nous souffrons de notre moi, et cela prouve que nous n'y sommes déjà plus attachés.

L'amour de Jésus nous découvre ce moi, et nous donne le désir qu'il meure, pour que naisse notre vraie personne d'enfant de Dieu. Or c'est la prière, et la prière uniquement, qui peut former notre vraie personne, profondément.

La prière, en effet, repose sur cette foi que la grâce de Dieu est enfouie au plus profond de nous-mêmes dans la conscience d'amour du tout petit enfant. Cette grâce s'enracine en nous avec les trois vertus théologales : la foi, l'espérance, et la charité, qui nous mettent directement en rapport avec Dieu et permettent au Saint-Esprit d'intervenir en nous par ses dons.

L'amour de Jésus seul peut constituer notre vraie personne

Notre personne ne se constitue pas par nos efforts, par nos raisonnements, ni même par notre vie morale. La vie morale nous permet de nous rectifier en nous mettant sur le bon chemin, en nous rendant maître de nous-mêmes, mais Dieu seul peut constituer notre vraie personne.

Notre personne est beaucoup plus profonde que notre moi. Il ne faut pas chercher à dépasser notre moi par nos efforts, mais tâcher le plus possible de laisser l'Esprit Saint constituer notre personne en dessous de notre moi, par la petitesse.

Le recueillement, c'est cet effort pour retrouver notre Dieu, plus profondément que notre moi. Quand nous venons à Jésus dans la prière, nous faisons un acte de foi : nous croyons qu'Il peut faire naître en nous cette personne plus profonde et plus vraie. C'est une excellente prière que de dire : « Mon Dieu, je crois que je suis le temple de l'Esprit Saint, je crois que Tu habites en moi, en dessous de ce moi qui me gêne tant... »

Nous apportons dans la prière notre pauvre imagination, en demandant à Jésus de la calmer un peu, nous apportons toutes nos misères, pour lui demander de nous guérir... Nous savons que depuis le péché originel, notre personne a besoin d'un Sauveur, d'un Médecin qui la guérisse, d'un Sanctificateur qui la constitue. Et il faut avoir cette foi, à la racine de la prière, que c'est cette amitié avec Jésus qui nous sanctifie.

Nous le sentons déjà dans les amitiés de la terre : la présence d'un ami peut nous aider beaucoup à sortir de nous-mêmes et à rendre notre cœur tout éveillé. Mais c'est encore tellement plus vrai pour l'amitié avec Jésus !

Comme Fils de Dieu, Jésus nous sanctifie par son amour. C'est le contact que nous avons avec Lui qui nous rend meilleurs. Jésus ne nous aime pas parce que nous sommes aimables, Jésus nous aime parce que nous sommes pauvres et misérables. Son amour nous rend aimables, son amour transforme nos péchés et nos misères, comme il a changé l'eau en vin à Cana, et comme il transsubstantie le vin en son Sang à la messe. C'est cet amour qui forme notre personne, et nous fait sortir de notre moi.

Les ouvriers de la onzième heure...

La spiritualité chrétienne est tellement différente de la spiritualité stoïcienne, par exemple ! Certaines personnes (mais elles sont rares) pourront réserver chaque jour un petit quart d'heure pour un examen de conscience, uniquement d'un point de vue moral. Le petit quart d'heure dont je vous parle se place à un point de vue très différent : c'est très bien de venir chaque jour en face de soi, mais si c'est pour constater chaque jour qu'on est rempli de défauts et d'infidélités, si c'est pour sentir chaque jour qu'on est incapable de suivre le règlement qu'on s'est soi-même donné, c'est très décourageant !

Au contraire, la parabole des ouvriers de la onzième heure est tellement réconfortante : nous sentons bien que nous avons raté toute notre journée, nous sentons que nous n'avons rien fait de ce que Dieu voulait, mais nous croyons que dans cet humble quart d'heure de prière, Dieu peut tout rattraper par sa miséricorde.

Ou encore mieux, nous pensons au bon larron, et à la fin de notre misérable journée, à la mort de cette journée, nous pouvons toujours dire : « Mon Dieu, aie pitié de moi ! » Cette journée alors peut être la meilleure, parce que Dieu peut nous donner une grâce qui répare tout ce que nous avons pu faire de mal, et nous rendre plus humbles que si tout avait été bien à nos yeux.

Cet acte de foi nous empêche par là-même de tomber dans un des dangers les plus forts actuellement : le dégoût de soi-même, et le découragement. Ce petit quart d'heure de prière concilie tout à fait le sentiment d'être un pauvre pécheur et la certitude que notre personne, dans ce qu'elle a de plus profond, de plus secret, est connue et aimée de Dieu.

Dans le métro...

Dieu place très souvent ses amis en plein monde uniquement pour qu'ils y prient. Nous devrions avoir davantage ce souci de prier pour toutes les personnes avec qui nous pouvons être en contact, même sans qu'elles s'en rendent compte.

Si par exemple nous sommes pressés, dans le métro, par la foule de 18 heures, nous devons avoir le souci de profiter de notre conscience humaine pour prier pour tous...

Nous n'avons pas à être des inconscients : quand nous sommes dans le métro, nous n'avons pas à être plongés dans le métro comme tous ces pauvres hommes qui ont l'air de ne plus avoir de conscience, d'être comme des machines... Nous sommes libres de nous laisser pousser par les autres par force, ou de nous laisser pousser humblement en en ayant conscience et en priant pour toute cette foule... On dit dans l'Évangile que Jésus avait tellement pitié de toutes ces foules fatiguées et errantes comme des brebis sans berger.

Et le soir, dans notre petit quart d'heure, c'est si bon de prier pour tous ces gens que nous avons côtoyés, de les offrir à Jésus, et que personne ne nous soit vraiment indifférent...

Quand on regarde la télévision...

Le bon Dieu ne nous demande peut-être pas de regarder la télévision pour nous-mêmes, mais quand nous sommes en famille, et que la télévision est allumée, nous pouvons la regarder soit en indifférents, soit en pensant que ce sont des figures humaines que nous voyons, et que chacune a une âme...

Si le bon Dieu permet qu'à notre époque les nouvelles de tous les pays nous arrivent, nous devons les recevoir dans cette prière de présence, et en accepter la responsabilité devant Dieu. Dieu a placé en effet la prière comme la première des causes secondes, dit saint Thomas : Dieu est tout-puissant, mais il ne désire pas sauver les hommes sans leur collaboration.

Bergson a montré que les personnes les plus précieuses et les plus parfaites de l'humanité étaient les mystiques, à cause justement de leur vie de prière. Mais nous, comme chrétiens, nous savons de plus qu'il y a le Corps mystique de Jésus, et que cette unité entre les hommes dépasse de beaucoup ce que la raison peut nous dire. A l'exemple de la petite Thérèse de Lisieux, nous pouvons nous servir des découvertes les plus sen-

sationnelles de notre époque pour tacher de péné-
trer encore davantage ce mystère et le vivre.

La télévision nous montre que cet univers est
beaucoup plus unifié qu'il pourrait paraître au
premier abord, puisqu'il y a des rayons qui nous
permettent de voir ce qui se passe à l'autre point
du globe...

Mais quand nous nous plaçons au point de
vue du Cœur de Jésus, nous savons qu'il y a une
sorte de télé-présence qui est bien plus forte que
la télévision ou que la télé-audition. Notre cœur
a des capacités de présence qui dépassent celles
de nos yeux ou de nos oreilles...

Un cœur priant...

Ceci nous fait comprendre l'importance de
notre présence au Cœur de Jésus dans la prière et
aussi de notre présence au monde. Un Pascal a
pu dire que Jésus était en agonie jusqu'à la fin du
monde, que ses amis étaient en agonie avec Lui
jusqu'à la fin du monde pour participer avec Lui
à la rédemption de ce monde... Jésus nous fait
comprendre qu'Il est venu dans le monde avant
les derniers temps pour que le « petit troupeau »
de ses fidèles puisse, avec Lui, contribuer à ache-

ver cet univers, contribuer à ce que l'unité puisse se faire sur la terre par leur prière.

Jésus nous a donné l'exemple de Marie pour cela, Marie dont Il a formé le cœur avec tant d'amour. Il ne l'a pas envoyée prêcher, mais Il lui a demandé avant tout ce rôle de la prière... C'est ainsi qu'elle est Mère : par son Cœur, par sa prière. Ceci peut nous aider tellement à être fidèles à ce petit quart d'heure de prière pour nous et pour tous ceux que Dieu met d'une manière ou d'une autre sur notre route.

La prière et les œuvres

Ce petit quart d'heure de prière peut nous aider beaucoup à trouver notre équilibre, même au plan humain. Une des choses les plus difficiles à notre époque, c'est de distinguer nos intentions des réalisations. Nous arrivons à faire si peu de choses, et cependant nous avons toujours des quantités de projets et d'intentions !

Du point de vue de Dieu, il faut dépasser nos intentions, mais dans une attitude de prière. Il faut même que par notre prière, nous devenions de plus en plus universels, que notre cœur vibre toujours quand on nous parle d'un tremblement de terre, ou du malheur d'une personne, même à l'autre bout du monde...

D'autre part, il faut bien distinguer le domaine de la prière et ce que le bon Dieu nous demande sur le plan des réalisations. Le bon Dieu ne nous demande qu'une toute petite tâche au point de vue de notre travail. Mais ce tout petit travail, si humble soit-il, prend une valeur universelle par la prière et l'amour que nous y attachons.

N'est-ce pas la prière des humbles, la prière des pauvres, que le bon Dieu aime surtout ? Ce petit quart d'heure de prière peut nous aider tellement à être humbles, à ne pas nous laisser aveugler par nos propres réalisations, et d'autre part à nous consoler si nous n'avons que des tâches minimes dans une communauté. C'est si bon de venir humblement à Jésus, non comme le pharisien, en remerciant Dieu d'avoir bien travaillé, mais comme le publicain : « Je me sens si pauvre, je n'ose même pas lever les yeux vers Toi, mais j'ai confiance en ton amour. »

Ce petit quart d'heure nous redonne alors une espérance et arrive tellement bien à situer dans notre vie la différence entre les aspirations profondes, que nous devons tous avoir, et nos pauvres petites réalisations.

Nous devons veiller à être fidèles à ce petit quart d'heure, au moins, de prière, comme un acte de foi dans l'amour de Jésus. Nous devons veiller à ce rôle que nous avons par rapport à l'ensemble de l'univers...

Ouvrons un petit peu notre cœur, car quelquefois ce rôle est beaucoup plus important que nous ne pensons... Si le bon Dieu nous retire des activités du monde, c'est peut-être pour que nous jouions beaucoup plus ce rôle près de Lui...

Saint Louis Grignion de Montfort a pris une très belle comparaison pour faire comprendre cela, la comparaison de la cour royale : ceux qui sont les premiers près du Roi des Cieux, ce sont les plus pauvres, ceux qui ne peuvent rien faire, mais qui peuvent prier... Ce sont eux que Jésus tient toujours près de Lui, et qui ont le rôle des séraphins : rester en la présence de Dieu.

Quelquefois on découvre qu'après tout, on en fait peut-être partie... C'est peut-être la raison pour laquelle le bon Dieu nous a rendus si maladroits dans les choses humaines : nous avons beau essayer, rien ne réussit dans nos projets, dans nos aspirations, dans nos œuvres... C'est peut-être que notre vocation est autre... C'est peut-être que notre vocation est un peu comme celle de la petite Thérèse de Lisieux : d'être l'Amour caché dans le cœur de l'Église, qui veille et prie en attendant le retour de l'Époux...

Jésus nous l'a bien recommandé :

« *Veillez et priez, car vous ne savez pas quand le maître de maison viendra, le soir, à minuit, au chant du coq ou le matin, de peur que venant à l'improviste, il ne vous trouve endormis. Et ce que je vous dis à vous, je le dis à TOUS : VEILLEZ !* »

TABLE DES MATIÈRES

DU MÊME AUTEUR

- *Edités à l'Arche :*

Père, je te rends grâce
Car tu as du prix à mes yeux
Dieu s'est réservé la sagesse du cœur
Je ne vous laisserai pas seuls
Les nouvelles paroisses de pauvres
Le cœur de Dieu, le cœur de l'homme
Qui est ma mère ?
La vie cachée de Marie
Les âges de la vie :
    L'enfance
    L'adolescence
    L'âge adulte
    La vieillesse
Les sacrements
Les desseins d'amour de Dieu sur l'homme

- *Editions des Béatitudes :*

Fidélité au Saint-Esprit

Achevé d'imprimer en février 2008
sur les presses de Ediprint France
53940 Saint-Berthevin
Dépôt légal : février 2008